二万五千字の旅路

日本と世界をうろちょろ

井上吉郎

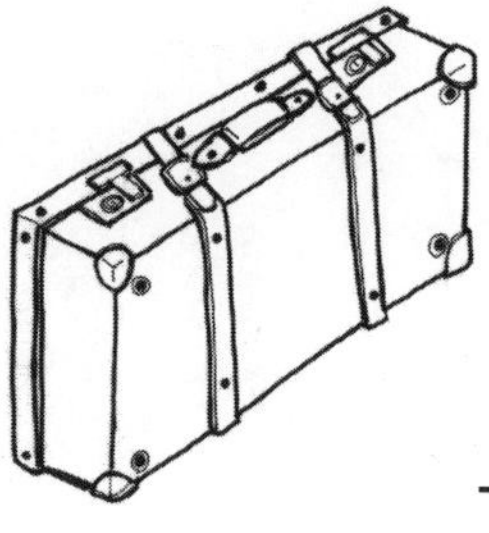

はじめに

旅をするのが好きだ。旅は人生を豊かにする。それは国内のこともあれば外国のこともある。物見遊山の旅はごくごく少なく、目的を持っての旅だ。本を通じて知り得た事柄を現地で確認したいという動機に動かされての旅だった。

僕の旅路に欠かせないのは、「水先案内人」だ。現地あるいはその事柄に深く通じている人に出会うことだ。幸いなことに、これまですばらしい人に出会えた。感謝している。

本書の前半の2つ〈731部隊の「悪魔の所業」―中国・ハルピンと瀋陽〉と〈「琵琶湖疏水」の源流を訪ねて―アメリカ・アスペン〉は、受傷*前のものであり、それ以外は受傷後の旅だ。

近代日本には、公共事業があり、戦争があった（富国強兵）。僕の旅路はその跡をたどり、そのことに想いを馳せ、確認するものだった。多くの「犠牲」のうえに今日がある。「旅」は希望を紡ぐ。

＊2006年8月12日、脳幹梗塞で倒れた著者は、非障害者の60年とそれ以後の障害者としての人生を生きている。

目 次

７３１部隊の「悪魔の所業」

中国・ハルピンと瀋陽

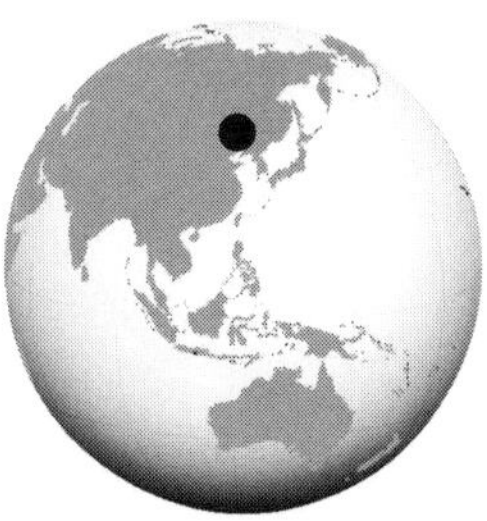

１９９６年７月、京都コンサートホールで行われた混声合唱組曲「悪魔の飽食」（森村誠一原詩、池辺晋一郎・神戸市役所センター合唱団／編詩、池辺晋一郎作曲・指揮）のメンバーとして舞台に立ったことがある。「♪日本人よ、７３１部隊を問え」で始まる合唱曲は７つの部分に分かれている。それは７３１部隊（石井部隊）の蛮行を告発し、その理解を深めるための合唱だった。

７３１部隊の狂気をうたいあげる第２章、犠牲者の中国人男性が一人娘に寄せる哀愁を歌った第３章、「実験材料として殺されるよりも人間らしく死にたい」と訴える「マルタ」、毒ガス実験で殺されるロシア人母子をストップウォッチ片手に観察する７３１部隊員の心情を歌った第５章、犠牲者を追悼する哀しくも美しい第６章、高らかに平和と希望を歌いあげるメロディーが魅力的な最終章……。

会場を埋め尽くした１５００人を超える聴衆を相手に、僕らは歌った。この年の２月に行われた2回目の京都市長選挙に敗北してからの練習だったが、心のうちのモヤモヤを吹っ飛ばす力を合唱曲はもっていた。黒い蝶ネクタイを締めての舞台服は黒一色だった。多彩な歌詞と自由自在のメロディーが深く印象に残っている。それまで、731部隊の中国での蛮行、731部隊の細菌戦、「暁に祈る」事件が京都に関係していること、731部隊と石井四郎・軍医中将が京都帝大と密接な関係を持っていること、戦後の「帝銀事件」と731部隊との関係など、「石井部隊」のことは知っていた。森村誠一の『悪魔の飽食』も読んでいた。しかしながら、それを題材にした歌を歌うことになるとは考えたこともなかった。

ハルピンと瀋陽での公演

1998年8月、中国の2都市で「悪魔の飽食」を200人余で歌うことになった。あわせて731部隊の跡地が訪問できることになった。しかしながら、僕は当時「極貧生活」を送っていたので、渡航費用が捻出できなかった。「参加する」といいだせない僕に、渡航費用をカンパしてくれた友人が現れた。持つべきは「心友」と思った。

ハルピンと瀋陽の公会堂で公演は行われた。当然のことながら、お客様は現地の人だった。公演前に731部隊の跡地を訪ねて「勉強」はしたが、その「勉強」は薄っぺらだった。観客に感動を残せるか。「生体実験」「細菌戦」「凍傷実験」など、「中国人捕虜」「朝鮮人捕虜」「ロシア人捕虜」を「マルタ」（丸太）と呼んで帝国日本が行った蛮行を告発できるだろうか。歌詞は中国語に翻訳されている。「日本人」合唱団が、「日本人」が行った「悪魔の所業」が表現できるだろうか。731部隊跡地の近くで行われた公演は、幕が上がって最後を迎えるまで息が抜けなかった。

731部隊では、ペスト菌、コレラ菌、チフス菌、炭疽菌、マラリアなどあらゆる病原の感染実験が行われた。注射をし、食物に混ぜるなどして「マルタ」を病原菌に感染させ、細菌の効果やワクチンの「効果」が「研究」された。「マルタ」が死に至る寸前に生体解剖も行われた。細菌が生きた人間の臓器にどのような影響を与えるのかを調べるためである。細菌兵器の開発も行われた。凍傷対策のための凍傷実験も行われた。極寒の中国東北部で、「マルタ」を凍傷に罹らせ、「治療法」を研究した。夜中、外の柱に縛り付けると、「マルタ」は首を垂れて死んでしまった。死の前で「マルタ」は、毒ガス実験などに「再利用」された。吉村壽人（戦後、京都府立医科大学学長）の「研究室」を見たとき、特別の感慨に襲われた。

日本軍は、中国で毒ガス戦も実行した。731部隊では、毒ガスの人体実験も行った。

ガラス張りの実験室に「マルタ」を入れ、毒ガスで死亡していく経過を記録していった。

731部隊の現地を見て思ったことがある。「戦争犯罪」では片づけることができない、残虐性があるということであり、「エリート科学者」が、戦争への加担とともに、「功名心」に捉われていたことだ。想像するに、「エリート科学者」は人間を「捕虜」なるがゆえに、「実験材料」としてしか考えていなかったのだ。京都帝大出身者の「悪魔の所業」を見るにつけ、そんな「エリート科学者」を生みだした構造を考えざるを得なかった。731部隊の跡地を見れば見るほどに、無口になる自分があった。

加害の残酷を演じる

そんな思いも抱いて、「悪魔の飽食」の舞台に立った。歌詞は中国語に訳してあるが、僕らは日本語だった。200人を超える合唱団員、犠牲となるマルタ……。僕に、ストップウォッチ片手の死刑執行人の役が回ってきた。僕以外の人々と違って、僕だけが〝加害の側の人間〟を演じる。「上手く」演じれば演じるほど、憎しみは舞台の上の僕に向かう。「悪魔の飽食」第5章〝三十七年目の通夜〟は次のような歌詞で始まり、ナレーションがある。

私はストップウォッチを握った
ガラス張りのチャンバーの中
ロシア人母と子のマルタ

ここで生まれ　ここで育った
女の子は4歳　栗色の髪
母マルタの胸に　顔埋めていた

顔を上げる子供マルタ
その　あどけない瞳……

（ナレーション）　毒ガス注入
　最終秒読み開始
　5、4、3、2、1、ガス注入！

私はストップウォッチを押した

我が子を我が胸に抱き寄せる
ロシア人の母マルタ

その時吹き出した青酸ガス
母は子をかばう　吹きかかるガス
母マルタは　からだを盾にした

観客の刺すような視線が忘れられない。

７３１部隊の所業は「合唱」とは縁遠いと思っていた。告発一辺倒の曲になっているものと思っていた。ところが歌ってみるとそうではないことがわかった。柔らかい歌詞、包み込むようなメロディー、さすが森村誠一であり池辺晋一郎だ。最終章は、次のように締めくくられている。

君よ　歌を歌おう
７３１の記憶を歌わなければならない
ささやくだけではいけない

暗い時間におおわれてはならない
私たち人間なのだから　犯した罪を忘れぬため
だから高く語ろう
だから高く歌おう

未来のために
未来のために

君よ目を凝らしたまえ
目を背けたくても　背けてはならない
目を凝らしたまえ

私たちは信じよう　人間の英知と良心を
科学を悪魔に渡してはならない
人間の英知が破れぬため　私たちは力を合わせよう
一人になってはならない　一人にならないために

私たちは未来のために

２つの公演と７３１部隊跡地への訪問をメインとして、日本軍の侵略跡地を見て回った。どこでも被害者の話を聞くことができた。宿を抜け出して、日本語の通じない小さい飲み屋で、漢字を共通のグッズとして意思疎通も図った。僕が接した限り、７３１部隊のことをクリアに記憶している人には出会わなかった。21世紀初頭には、７３１部隊跡地を世界遺産に登録しようとの試みがあった。合唱組曲「悪魔の飽食」も呼びかけているように、〝未来のために〟〝背けてはならない〟のであって、〝私たちは集まろう〟。７３１部隊跡地の世界遺産登録に向けて〝私たちは力を合わせよう〟！

「琵琶湖疏水」の源流を訪ねて

アメリカ・アスペン

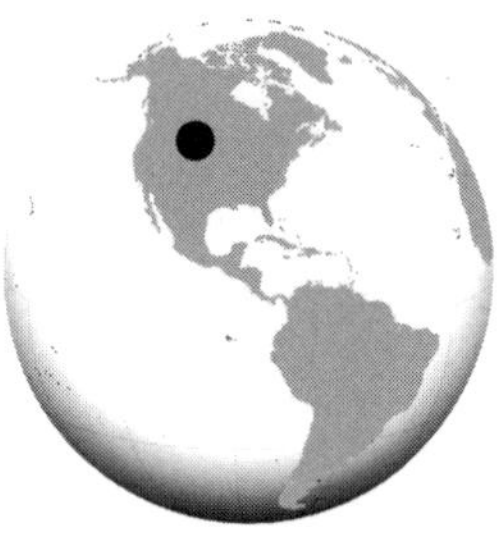

2000年7月、僕らは、アメリカのコロラド州アスペン市を訪ねた。

明治の時代、滋賀県の琵琶湖から京都に水を引くという大事業があったのだが（琵琶湖疏水事業）、その大事業に不思議なことが起こっていた。当初の事業目的になかったことが加わったのだ。それは水力発電だった。

琵琶湖から京都に水を引く事業だが、その「最終地」（水は淀川、大阪湾へ）が蹴上《けあげ》で、現在でも内陸の水力発電所は関西電力の所有物になっていて、発電を続けている（明治時代につくられた建物とは違っているが……。発電機も変わってはいる）。当初の事業目的になかった変更の秘密を、アスペンの水力発電が握っていた。

疏水建設中に、事業の技術面の責任者であった田辺朔郎《さくろう》が、高木文平《ぶんぺい》とともにアスペンに足を伸ばしている。これは尋常なことではない。いまから140年以上前のそのころ、事業の中心にいた人物が、アメリカの辺鄙な街に足を運んで、水力発電を調べたというわけだ。そこにはよほどのことがあったに違いない。

田辺朔郎ら2人はそこで何を見たのか。誰と会ったのか。水の利用に水力発電が加わって、疏水事業は飛躍を遂げたのだが、その変更はアメリカまで足を伸ばさないと分からなかったものなのか。田辺らは、水を動力源として使うだけでなく、発電源としても使うことによって、疏水事業に画期をもたらした。その秘密を現地で確かめたい。何があったのかを知りたい。そう考えてコロラド州のアスペンに向かった。

ロッキー山脈に抱かれたリゾート地

日本からサンフランシスコ、そこで飛行機を乗り換えてコロラド州の州都デンバーに着いた。ここでプロペラ機に乗りこんでアスペンに向かった。ロッキー山脈に抱かれたアスペンは、じめじめした梅雨の日本とは違って、山から下りてくる風がさわやかだった。スキーや夏のリゾート、会議や音楽祭で名高い都市には、かつての銀山の面影はなかった。アスペンの空港に降りたっての第一印象だった。

以前は銀鉱山で名をはせたアスペン市は、今ではリゾート地で名高い。ロッキー山脈に抱かれた高地（標高2400メートル）にあるこの地は、高層ビルとは無縁で、街には信号機がなかった。人口6000人の街には、ゴミがない川が流れ、思わず背伸びをして、思いっきり空気を吸い込みたくなるようだった。

女性の市長に会い、往時の発電場所を訪ねた。銀鉱山の跡地を利用した地下鉄道に乗り、当時は盛んであっただろう銀採取現場に立ち、京都から訪問した京都府知事の名前を記してある施設を見、銀山や水力発電やデブロー（後述）の名前を知っているという人にも会った。

その結果もあって、琵琶湖疏水に水力発電が加わったた経過が、おぼろげながら浮かび上がってきた。

近代の京都の一大事業

琵琶湖から水を引いて京都の街から大阪の海まで「交通路」として使おうという考えは、江戸の時代からあった。図面を引いて、要路に建議している人もいる。日本海の荷物は、琵琶湖を南に縦断して、馬車などに積み替えられ、滋賀県と京都府の間に立ちふさがる坂道を越えて、京都にもたらされる。この苦労を解決するものとして琵琶湖と京都の街を水路で結ぼうというわけだ。

そういった「夢」が現実の「計画」になるのは、北垣国道《くにみち》・第3代京都府知事（1881年～92）の時代になってからだ。ちなみに東京市、京都市、大阪市は1889年に市制が施行になっても、府知事以下が市長を務めるという市制特例のもとにおかれた。これは一般都市同様の自治権を付与するのは時期尚早であると設けられた制限で、ようやく98年9月に撤廃された。「自治権」が制限されたわけだ。

首都さらには天皇家が東京に移るとともに、京都は衰退の道をたどる。この当時の人口28万人弱、1911（大正2）年に50万人を超え、ようやく32（昭和7）年になって100万人を超えた。京都の復興と近代都市への脱皮を、産業振興という名の大型公共事業に求めたのが北垣知事であり、その事業として琵琶湖疏水が計画された。そのようなことを背景とする疏水事業は北垣知事のイニシアティブで始まった。1883（明治16）年、京都府勧業諮問会に北垣が提出した「琵琶湖疏水竣工趣意書」に、疏水事業の計画を見ることができる。

琵琶湖疏水事業は1885（明治18）年6月に工事が始まり、90（明治23）年4月に竣工している。5年弱に及んだこの事業は17人の犠牲者を生み、125万円余の巨費をかけている。この時期、京都府の年間予算が50万円強であったから、その経費の多さがわかる。「我が国未曾有の大土木工事は世人驚異の裡に完成を告げ」（『京都市政史』昭和15年）たと記されている。

北垣知事は疏水の事業目的として7つの目的を掲げている（83年）。①水車動力による産業近代化、②琵琶湖・京都・大阪を結ぶ舟運を利用した交通の整備、③琵琶湖の水を利用した田畑への灌漑、④水車を水で回して精米を行う、⑤防火用水の確保、⑥地下水に頼り切っていた京都盆地の飲料水の確保、⑦琵琶湖の水による河川や溝の掃除、であった。

見ればわかるように、琵琶湖の水は水車を回して動力源とするとは明記されているが、水を電力に換えて利用するとは書かれていない。琵琶湖疏水は水を水車動力に利用し、交通路を整備することを目的とする複合的な事業であり、北垣も京都の人びともこのとき、水の電気利用などは考えてもいなかった。無理もない、時代の制約だった。

巨額の負担を市民にも求めて（賦課金）、衰退する京都をたてなおすためとして事業は進められた。その市民負担を、北垣国道になぞらえて「こんど（今度）きた（来た）がき（餓鬼）ごくどう（極道）」と詠んだ狂歌が今に伝わっている（北垣は高知からやってきた官選知事だった）。この疏水事業に画期を加え、その後の京都の発展となったのは「水力の電力化」への転換だった。８つ目の事業目的といってもいいかもしれない。

１８８８（明治21）年10月、京都を発った田辺（疏水事業の技術面での主任。東京工部学校〈いまの東大工学部〉を卒業した27歳の青年。その後、京都帝大教授）と高木（疏水常務委員、渡米当時45歳。京都市会代表。京都商工会議所〈当時は京都商業会議所〉の初代会頭、その後「電気王」「電力王」とも呼ばれた実業家）は、その年12月28日、アスペンに到着、デブローと運命的ともいえる出会いを果たす。

田辺と高木の2人は、京都、横浜、カナダ、アメリカ東海岸（ポトマック運河、モーリス運河、ローウェル、ホリヨーク）、大陸横断を経て、12月28日、ロッキー山脈の高原都市アスペンに到着する（89年1月、2人は帰国）。そこで彼らは銀鉱山で使われている水力発電を視察したのだろう。

日本の国内では水力発電はまだ事業化されていなかった。京都に先行した水力発電が2～3カ所あったらしいが、いずれも事業を目的とはしていない。しかし、京都市会には疏水（琵琶湖と京都市内）の落差を利用した水力発電のアイディアが出されていた。アメリカでも事情は似たり寄ったりで、アスペン鉱山での水力発電も、アメリカでは先駆的な試みだったらしい。2人が足をのばしたアスペン銀鉱山は、そのころ最盛期を迎えていた。

水力発電の実例を調査

アスペンは人口が6000人を超える一大鉱山都市だった。そんな町に水力発電の登場の時期だった。両人はデブローに会っている。デブローは兄弟（従兄弟という説もあった）で水力発電に取り組んでいた。兄はヨーロッパに出かけていたので、2人に向きあったのは弟だった。

はるかかなたの東洋の日本からやってきた2人に、デブローは、事業化されたばかりの水力発電について教えてくれたらしい。2人がアスペンを訪ねた2カ月ほど前に実用化された水力発電について、デブローは丁寧に説明をしたという。田辺は東京工部学校を出ている。「講義」は、当然のことながら英語だった。

田辺が質問したことは水力発電に関することで、英語使用に両者とも不便はなかっただろう。記録によると2日間ほどのインタビューだったという。隠さずに答えるデブロー、核心にふれてたずねる田辺、それほど時間は必要なかった。水の利用に水力発電が加わったのに、デブローは大きな役割を果たしている。

田辺はアスペンに行く前、疏水事業に技術者として取り組んでいた時から、水力発電があるのを知っていたのだろう。しかし、その将来に自信をもって人を説得するだけの知恵や知識を持っていなかったのではないか。水力利用を如何にすべきか、どうすれば水力を有効に利用できるか（運河やダムによる水利用の実態調査）、その実例をアメリカに求めて渡米した2人であり、送りだした人々の思惑だった。

アスペンの水力発電の成功とデブローの「深切」（高木の用語）が重なり、田辺の逡巡は確信に高まった。年齢も社会経験も違う田辺と高木の2人だったが、アスペンの水力発電成功の現地見学・視察とデブローの説明は2人に確信をもたらしたに違いない。

田辺は現地から電報を打ち、疏水事業に水力発電を加えることを提案している。京都市では、川島甚兵衛らのアイディアは、2人のアスペンでの見聞の結果、実現することになる。帰国後、田辺は水力発電を疏水計画に追加すべしとの報告を参事会や市会に提案している。1890年2月に起工した蹴上発電所は翌年の91年5月に完成、11月には直流で送電を始めている。

こうしてわが国最初の売電（商用）を目的とした発電所は、日の目を見ることになった。そういうことをアスペンで見聞して、僕は特別の感慨に襲われた。そのとき感じたのは、街の運命を左右するような事業が後世まで影響を及ぼすということだった。アメリカの辺鄙な場所での、偉大な実践が持っている力だった。

1880年代末のアスペンは、日本から遠く、地名はまったくといってよいほど知られていなかった。そこを訪問した日本人がいた。水力発電の商業的利用から間もなくというタイミングにも恵まれて、水力の発電利用の現場を視ることができた先人の感激が偲ばれた。

「明治二十四年五月（西暦一八九一年）には八〇キロワット・エヂソン式直流発電機二台をもって一部の発電が開始された。小規模ではあったが、当時としては正に画期的なもので、その後、数次にわたり拡張され、昭和十一年（一九三六年）に出力五七〇〇キロワットとなり現在に至っている　昭和三十七年十二月　関西電力株式会社　社長芦原義重」と京都にある記念碑には書かれている。

50年のち、100年のちまで誇れるまちづくり

第16代御粽司・川端道喜は「50年のち、100年のちまで誇れる京都を残せ」と強調したが、僕は疏水事業のうちの電力事業にその実例を見る思いだった。いまでこそ小発電というけれども、この当時は大事業だった。

蹴上発電所でつくられた電気は近隣の工場などに送られ、日本最初の市街電車を走らせた。その電気は、蹴上につくられたインクライン（1891年1月運転開始。琵琶湖から疏水を通ってきた船を乗せる台車。一種のケーブルカーのようなもので、京都市動物園の南東まで荷物を運んだ。世界で1番長かった）にも使われた。

水力発電の威力を知った人々は1914（大正3）年、琵琶湖疏水の水が流れていた鴨川運河の夷川、伏見に水力発電所をつくった。当初計画に上がっていなかった水力発電は、なぜ可能になったのか。それを解くカギは、琵琶湖と京都との標高差にあった。発電機が据え付けられた蹴上発電所と琵琶湖の水位とは35メートルほども差がある。

わずかな距離を勢いよく流れる水は、発電機を軽々と回した。水をあげるためのエネルギーも不要、ダム建設の必要性もない。比較的容易に発電機を据え付けられた。新たな動力を得なくても、水力発電が可能だったという自然条件に、蹴上水力発電所は恵まれていた。

山にトンネルを掘って、琵琶湖の水を京都盆地に持ってくるという壮大な計画に驚かされた。土木技術も測量のそれも、いまほど成熟していなかった時期のことだ。この事業を外国人に頼ることなく、日本人で成し遂げたことは、そのころの「自主独立」の気概を感じる。

市民代表の前で事業計画と変更計画（水力の電気への転換）を論じるという「民主主義」的な進め方に目を見張らせられる。市民に関わる大事業を一部のもので、こそこそと進めない姿勢は貴重だ。先進的な経験に謙虚に耳を傾ける「リーダーシップ」には脱帽するばかりだった。

京都は盆地都市だ。火力発電所ではイギリスのロンドンのような煙だらけの街になってしまう。そのような声もあったと当時の様子が伝わっている。その地域にふさわしいまちづくりがあるのではないか。琵琶湖との高低差を利用した水力発電は、新しい時代を開くものだった。日本の川は〝五月雨をあつめてはやし最上川〟なのだ。

北垣も田辺も高木も、琵琶湖疏水計画に測量技師として加わった島田道生も、水力の電力的利用の可能性に着目して、アメリカの視察先を示唆した川島甚兵衛も偉かった。ここに述べていない人も役割を果たした。同時に、はるばる日本からやってきた客人に知識を惜しげなく伝えたアメリカ・アスペン市のデブローの存在も忘れられない。

淀川水系にも清滝川、桂川などにも水力発電所がつくられている。身の回りの自然エネルギー源に着目することも、「原発依存社会」を根本から見直すとき大切な視点だろう。ドヴォルザークの交響曲第9番『新世界から』(From the New World) のニューヨークでの初演が1893年というから、京都の水力発電と同じころのことだ。

FMが、アスペン音楽祭の音楽を伝えている。テント張りの会場でクラシックも聴けたアスペン、ロッキー山脈の山並みと清らかな空気がなつかしい。

「お山」とリンゴと津軽三味線

青森弘前地方

青森県弘前《ひろさき》市で開かれた「全国障害者問題研究会第47回全国大会（２０１３・８・10～11）」に出席するために出かけた。自宅から弘前の宿まで、列車を利用したこともあって、８時間の長旅だった。目的の第一は全障研大会に参加することであり、もう一つは津川《つがわ》武一《たけいち》（１９１０年～88。医師、文学者、衆議院議員）にふれることだった。

夏のお盆の行事（僕の考え）であるねぷたを終えた津軽に、収穫の秋がやって来る。残念ながら、お山（岩木山）を見ることはかなわなかった。お山を背景に人工授粉をしたリンゴが膨らみ、今では紙袋に包まれている。１９７０年代以降、今日まで、何度となくこの地に足を踏み入れた。生きている津川さん（僕はぶいちさんと呼んだ）とお墓に入っているぶいちさんに会うためもあった。

新青森駅から弘前駅まで、在来線に乗った。スマホに熱中する女子高生10人ほどと通路の向かいで書物を読む3人の中年男性が見事な対比をなしていた。窓の外には、青い稲穂がどこまでも続く津軽平野の夏があった。トコトコと走る列車が、これから起こるであろう弘前での出来事の前触れのようだ。降り立った弘前の駅は、記憶にあるそれとはまったく変わっていて、ホテルなどが林立していた。

三十数年前、上野駅発の夜行寝台に津川と一緒したことがある。ベッドに腹ばいになりながら彼は原稿用紙に万年筆を走らせた。なにより好きだった「文学」に向き合う姿だった。弘前の駅に寝台列車が滑り込み、駅の前に出ると、何人かの人が津川さんを待っていた。「息子に嫁っこを世話してけれ」「結婚式の仲人を引き受けてけれ」などといった、「国会議員」への「陳情」だった。〝青い青年〟だった僕は、その「陳情」に驚いた。津川は、ニコニコしながら「請託」を受けていた。

9日、10日、11日と3日続けて、津軽三味線と津軽の民謡を愉しんだ。9、10日は夜のライブハウスで、11日は大会の閉会全体会（弘前市武道館）でだった。撥《ばち》をたたきつけるような奏法もあったし、しみいるようなそれもあった。沖縄県の石垣島や黒島で聴いた三線《さんしん》の音を思い起こした。三味線を弾く人の求めに応じて、僕はほおかぶりして民謡を歌った。謡い手は、「津軽じょんから節」「津軽よされ節」などの津軽五大民謡を、即興芸で披露してくれた。松村和子が津軽三味線を抱えて歌う『帰ってこいよ』に、岩木山が見える場所に〈♪帰ってこいよ〉と呼びかけるフレーズがある。そんな歌声を思い返しながら、声を張り上げて歌った。

津川武一と文学・医療・政治

津川武一が初代の院長を務めていた健生病院に、津川をしのぶコーナーがある。顔写真が飾ってあり、津川の人生を振り返ることのできる年表があり、津川の日記を編集した書物が展示されていた。生前、医師・津川に直接ふれることはなかったが、その一端を飯場で見たことがある。１９７５年ごろの東京の飯場、そこには津軽からの出稼ぎ農民がいた。津川が3回目の当選を果たしたころのことだ。

津川は、肩をたたき合う健康体操から始めた。そして何十人という男たちに、聴診器を当てて「診察」を始めた。津軽の小作農の出であり、「移動診療」（今でいう訪問診療）を当たり前のようにこなしていた津川医師にとっては、そんなに大変なことではなかった。ところが、である。「聴診器」だけで、出稼ぎ農民たちは元気になった。国会議員の津川先生が、プレハブの飯場まで足を運んでくれた……3人区の青森2区で、共産党の津川武一が2位で当選した「秘密」を見た思いだった。

津川は県会議員2期目の途中の69年末の衆院選で当選、86年の選挙まで5勝2敗だった。津川当選前の共産党候補の得票数は7000、津川の7回の選挙は5万から7万、津川後の共産党候補2万、津川の突出ぶりが分かる。55年の読売新聞小説賞佳作になった「農婦」で文学的出発をした津川は、小説、評論、ルポなどをモノにした。単行本になったものだけでも五十数冊になるという。僕も原稿をもらうために、議員室や宿舎に出向いたことがある。京都で、東京の武道館で、弘前の駅頭で、何度か演説を聞くことがあったが、難しいことをやさしく説くことができる人だった。

文学、医療、政治という3つの分野の活動は、津川の中では渾然一体となっていた。その底には、ヒューマニズムと社会革新の思想があった。時代を見据えて、民衆の一員として、民衆のためにたたかった武一の人生だったのではないか。〝リンゴと米と出稼ぎ労働者〟が津川の政治スローガンだった。

打楽器のような、あるいはしみいるような津軽三味線《つがるじゃみせん》を聞きながら「門つけ芸」の歴史に思いを馳せ、分科会で吐露された「障老介護」「障障介護」の過酷に涙し、健生病院（医療生協）への信頼の深さに共感をおぼえ、紙袋の中で膨らんでいるであろうリンゴの輝きを想像した。「こぎん刺し*」にもふれたかったし、「巫女様」の声も聞きたかったし、何よりもお山（岩木山）の雄姿を仰ぎ見たかった。

*津軽に伝わる刺し子の技法のひとつ。津軽地方では、野良着のことをこぎんと呼んだ。

〃誕生〃から〃死後〃までを事業化する作業所

鹿児島県の「麦の芽」

鹿児島県を訪れた。連れ合いの講演に便乗、往復とも列車利用の4時間30分の旅だった。英語が堪能な友人が、30年ほど前、「トラベルはトラブルだ」といったことがあるが、雪の影響で鹿児島着が遅れた。それでも新幹線が2人席なのでゆったりしていて快適、隣の席との間も離れている。そして何より好ましいのは、ガナリ立てるような車内放送がない点。おかげで、ぐっすり眠ることができた。30年来の友人や見ず知らずの人に会い、交流ができるだろうと心が踊る。

旅の大目的は、「社会福祉法人・麦の芽福祉会」の今の姿を知ること、発展の原動力をみつけることだった。時間に限りがあったこと、僕の理解を越えた発展を遂げていることなどが重なって、十分な理解には達しなかったが、鹿児島の歴史、鹿児島ゆかりの人の歩みをじっくり考えることができた２０１４年の旅だった。

「発達する権利」に事業と運動の源

鹿児島中央駅では、車いすのまま乗降可能なワゴン車が待っていた。夜の交流会まで10カ所近くの施設を案内してもらった。いずれも、「麦の芽福祉会」のものだ。療育施設、保育施設、障害者の相談の部屋、デイサービス、介護タクシー、グループホーム、パン焼きなどの働く場、放課後の学童保育、一人暮らしが可能な住まいの場、リタイア後の高齢者施設、「協同・共同の碑」などなど、人生全体をカバーするものだった。

聞くと、学びの機能を持った学校構想、診療所構想もあるという。銭湯（温泉施設）までも、麦の芽が運営している。生まれてから死後まで（ゆりかごからお葬式、お墓まで）を、麦の芽福祉会の機能はカバーしている。太陽がさんさんと輝く場所で保育はされる。夕焼けが美しい場所に高齢者施設はあった。障害者・高齢者1000人、職員350人、協同組織1000人。〝一大山脈〟を見る思いだった。

「麦の芽」は30年を超える歴史をもっているのだが、それは2つの源流からなっている。1つは障害者の働く場づくりをめざす「麦の芽作業所」であり、もう1つは障害のある子どもを相手とする「療育事業」だった。「療育」という言葉さえ一般的でなかった1970年代末から80年代初頭にかけて、鹿児島の地で、「どの子も発達する」「どんなに障害が重くても発達する権利がある」という考えが、リーダーと母親たちを導いた。

当時（80年代初頭）無認可作業所の理事長だった（今もそうだが）のもとに、大学を出たばかりの青年が現れることから作業所運動は始まった。

この2つは、共通点を持っているように思う。それは、「人生は長い」ということだった。「作業所」といい「療育の場」といっても、人生の一部をカバーするだけだ。人生全体を視野に入れた取り組みがしたい。もう一つが、行政やマスコミ、地域やコープ（生協）など、周りとの関係を大切にすることだった。2つの組織は1つになった。

「麦の芽」の〝ゆめのまち〟には、いくつかの建物と機能があった。「地域交流創造センターみんなの1号館」（なかま・家族・職員連合会、カウンセリンググルーム、県障害者患者高齢者運動センター）、「同みんなの2号館」（地域交流スペース、教育研修センター、ケアステーション、訪問看護ステーション、移送サービスらんらん）、生活介護「すばる」、福祉ホーム「むぎのめの里」、マイホーム「きらきら」、マイホーム「わくわく」などがある。

「麦の芽」全体がそうであるともいえるが、ここには、みんなの「ゆめ」がこもっていた。障害のある人の人生を、断ち切らない。〝ゆりかごから墓場まで〟を「麦の芽」の事業でカバーする。同時に、横への広がりを追い求めるのも、ここの特徴と言えるかもしれない。「学会事業」「出版事業」「研修事業」「教育事業」「介護タクシー事業」などに取り組みは広がる。

人生全体を視野に

「療育センター」の基礎を築いたといえる大迫よりこさんをリーダーとして、30年前の１９８４年に開設された「あすなろ療育相談室」にさかのぼる。85年に「鹿児島子ども療育センターをつくる会親の会」ができ、86年に「鹿児島子ども療育センター」に発展する。89年、「麦の芽共同作業所」と一緒になった認可施設建設運動が始まり、93年には「麦の芽福祉会鹿児島子ども療育センター」が生まれる。

いわば、「療育」と「成人の働く場」が一緒になって、人生全体を視野にいれることができる「運動体」ができることになった。「療育」が大事にしてきたテーマは「共育ち」(同名の文集がある) だったように思う。

〝障害児に療育の場を保障する〟〝科学的な発達観、障害児観に立つ〟〝障害児と家族の思いを大切にする〟〝学び、教えあい、育ちあう〟〝民主的全員参加の手づくり共同体をめざす〟〝幸せに生活できる地域づくり、社会づくりをめざす〟と、療育の「理念」を明らかにしている。保育室には光が注いでいた。

「療育」が必要な子どもには親がいて、親にはまた親がいる。子どもにきょうだいがいるかも知れない。学校に通うようになると放課後がある。働く場が必要になり、一人暮らしを選ぶ人に暮らしの場が不可欠だ。人は年をとり、死を迎える。死は記憶を残す。そんなことで「麦の芽」の活動はひろがった。「学童」「生活ホーム」「高齢者施設」「慰霊碑」などの背景にそんな論議があった。

マスコミ、行政、金融機関、町内会、コープ（せいきょうコープかごしま）などを「味方」にした30年でもあった。「交流　福祉　防災」と銘打たれた「町内会」と「麦の芽」との協定文は、〝ちいっとぼっけな3つの応援協定～愛称　せんだんの木の絆〟となっていて、福祉の部では「誰もが安心して暮らせる、あたたかくゆたかな福祉の地域づくりの行事等をすすめていく」となっていた。この建物には、地元金融機関トップ、町内会長のお酒と花が飾ってあった。

歴史に裏付けられた「協同と共同」

コープの玉竜店の2階に、「玉竜協同大学」はあった。「麦の芽」にとってこれは「障害者就労継続施設」であり「通所介護施設」でもあった。1日は「消費税反対の日」であり、9日は「9条の日」であり、25日は「25条の日」だ。モノの「売り場」であり、デイサービスが提供される場であり、カフェやギャラリーがある「交流の場」でもあった。地域の「9条の会」の事務局が置かれ、俗称「坂元学校」と呼ばれる「協同の原理」が学べる場でもある。

「麦の芽」と「コープかごしま」との「提携活動」は長い歴史があり、提携の深さは中途半端ではない。生協の側からいえば、僕の知る限り、全国有数の域に達しており、「麦の芽」からいうなら、「飾り」の域を超えている。「協同と共同」といえるような関係といったらいいだろうか。活動のふくらみを提携はもたらしている。

全障研が主催する研修会を傍聴し、「福祉運動、事業の協同組合づくり学校」の開講に向けての決起集会でお話しする機会があった。全障研、障全協、生協、医療生協、麦の芽福祉会からの参加者との交流、全障研メンバーとの懇親、決起集会参加者との昼食会もあった。見て、聴いて、食べて、語り合う。びっしり詰まった日程だった。

最初の訪問は1980年代末だった。麦の芽も療育センターも今ほどには発展していなかった。以来数回、この地に足を踏み入れた。2004年に、憲法問題をコープのお母さんに語る会で、加藤周一さんを案内したこともあった。

障害のある人の「ゆりかごから墓場まで」をカバーする「麦の芽」の実践を貫いているのは「発達」概念であり、「事業を運動として取り組む」ことだったように思う。あたりまえのことながら、これまで谷もあっただろう。そういうとき、リーダーの〝お智恵拝借〟路線があったように思う。イタリアの「社会的協同組合」を参考にする、新しい協同もスタートしようとしている。

ともに福祉充実の道を

「療育」をキーワードとする子ども事業で貫かれているのは、「子どもの幸せ中心」（太陽いっぱいの保育室）であり、子どものまわりの人の福祉であり（家庭支援）、成人になっても知らぬ顔をしないということだった。成人期を生きる障害者に必要な場は働き（作業所）の場であり、憩い（ホーム）の場、学びの場である。彼らは老い、死を迎える。麦の芽の30年はこうしたことを、横のつながりのなかで実現してきた。

エンディングセンターには〝協同・共同の碑〟があった。大きな石でできたその碑には生前、その人が好きだった言葉が刻んであった。〝一人はみんなのために　みんなは一人のために〟というコープかごしまの理事長だった女性の言葉が印象的だった。

これまでの訪問で、温泉と島、山のふもとの宿、鹿児島市内の繁華街を愉しみ、憲法擁護の意気込みにもふれた。イタリアからの客人も案内したし、加藤周一さんとも一緒だった。今回は、受傷を間に挟んだ10年ぶりの訪問だった。縁日で安納芋の焼きイモを買い求めてほおばったたし、安納芋のきんつばも買った。講演の謝礼として、焼酎割梅酒もいただいた。

1920年代末の、旧制七高（現在の鹿児島大学）での瀬長亀次郎（沖縄県選出の政治家）の闘いと放校処分、43年6月の俳句グループ「きりしま」への治安維持法を振り回しての弾圧事件など、忘れてはならない歴史の上に、今日の社会運動はある。

「鹿児島子ども療育センター」や「麦の芽福祉会」が成し遂げたことが、全ての障害者におよんでいるわけではない。だが「障害のある人の権利条約」を手がかりとする障害者福祉充実の道を、「鹿児島の実践」は教えてくれる。

ボネールと安積疏水

福島県

新幹線福島駅に出迎えてくれた、友人のニコニコ顔がまぶしく、輝いていた。稲が黄金色にかがやき、収穫が近かった。毎年、モモを送ってもらって堪能している。膨らんだ柿、作業を待つあんぽ柿、福島県は果樹の王国でもあり、牛乳の地でもある。その地と人々が、東電の原発事故で苦しんでいる。特別のことを求めているわけではない、原発事故前の状態に戻せと望んでいるだけだ。当たり前の暮らしを送ることは私たちの権利だ。福島で聴いた、共通した主張だった。

原発推進路線に対峙してきた友

きょうされん大会（第36回、2013・9・21〜22）前日、伊達市のNPO法人ボネール（フランス語で幸せの意）を訪ねた。所長の阿部理平さんには2012年の3・11に京都まで来てもらって、被災地の1年を語ってもらった。自主製品づくり、掃除作業、メール便の配達、食堂「楽らく亭」の運営などに取り組む精神障害者の作業所だ。絵を描くのが好きな人、説明するのが得意な人、ぼんやり時間をやり過ごす人、メンバーにあわせてプログラムが組まれている。

「第11回チャリティーコンサート」を知らせるチラシが入っている封筒と出演者・阿部民子さん（理平さんの娘）のCDを渡された。まさか、京都から出向くには……。

スタッフが用意してくれた何種類ものお料理、当日のランチメニューも並んだ。自分たちの畑の収穫物も。目で味わうだけの自分が恨めしい*。食が進みアルコール量が増えるにつれて交流が進み、夜が更けた。外ではまんまるの月が輝いていた。

*著者は造設した胃ろう経由で栄養を補給している。

阿部さんは、福島県庁に勤める農業土木の技術者だった。1970年に京大農学部を卒業して、すぐに出身地である福島の県庁に入った彼は、以来30数年、定年退職するまで、農業土木一筋だった。彼の思想を嫌った当局と労働組合は「出世」をさまたげた。原発事故で立ち入り禁止になってしまった地域のダム建設を手掛けたこともある。

農業県・福島にとって農業土木は大切なセクションだが、阿部は「昇進」しなかった。技術力は一流の彼を差別し排除する一方で、東電の原発推進路線は進められた。

定年を前に、阿部さんは日本福祉大学の通信教育部を受講、精神保健福祉士の資格も得てボネールに身を置くことになった。県会議員の妻を支えることも彼の仕事だった。原発事故が立ち切ってしまった暮らし、県民の団結を取り戻すための活動は続いた。励まされる交流だった。

猪苗代湖と安達太良山と

きょうされん大会が、福島県の郡山で開かれると知ってから、行きたいと思ったところがあった。猪苗代湖であり安積疏水《あさかそすい》の取水口だ。琵琶湖の水を舟運と京都盆地のエネルギー源に利用しようと琵琶湖疏水は考えられた（既述）。安積疏水は士族対策も兼ねて1万町歩の原野に水をもたらそうとして計画された（1883年完成）。2つとも、近代日本を開いた公共事業だった。

案内者は農業土木の専門家でもある阿部、東電の無法とたたかってきた人ならではの解説が聞けたし、専門家だけが知っている安積疏水の歴史を教えてもらった。

「貧しき人々の群」でこの地の惨状を中條（宮本）百合子は描いた。初読は55年ほど前のことだった。開拓地の小作人たちの、目を覆いたくなるような現状に打ちのめされた。百合子の祖父・中條政恒は、安積疏水の大功績者だったが、彼は事業前の農民について「窮閣敗屋牛馬ト寝ヲ同ジクシ以テ苟モ活スルノミ、殆ド人類ノ養ヒニ非ザルナリ」

（1879年、天皇への奉答文）と書いている。

琵琶湖、霞ケ浦、サロマ湖に続く湖面を持つ猪苗代湖の水で、安積原野が生き返った。疏水事業のおかげもあって、郡山市は長くコメの収穫量全国一の位置にあった。ところが、だ。そんな猪苗代湖の水利権を東京電力が持っているというではないか。恥を承知で書くのだが、猪苗代湖の水利権を東京電力がもっているなんて、現地で専門家から聞くまでは考えたこともなかった。波静かな湖面、広がる猪苗代……。

磐梯山、安達太良山、空の雲を車窓から眺めて、智恵子をうたったあの詩を吟じていた。詩吟の先生である静山が譜づけした、僕の愛唱吟だった。

智恵子は東京に空が無いといふ、
ほんとの空が見たいといふ。
私は驚いて空を見る。
桜若葉の間に在るのは、
切っても切れない
むかしなじみのきれいな空だ。
……

智恵子は遠くを見ながら言ふ。
阿多多羅山の山の上に
毎日出ている青い空が
智恵子のほんとの空だといふ。
あどけない空の話である。

大会の熱気、ホテルのバリアフリー度

21日は全体会と交流会、22日は分科会とシンポジウムだった（きょうされん36回大会は郡山で開かれ、２０００人超が参加した）。何人もの人に声をかけられ、何人かの人に声をかけた。２日間の大会は、震災、大津波、原発被害の実相を共有すること、被害の責任、被害からの立ち直りに話題がしぼられた。障害者の被害が突出していたこと、作業所などがいためつけられたことが印象的だった。

現地実行委員長の大和田新さんはラジオ福島のアナウンサーで編成局長。実行委員長自らがプロデュースし、司会もする正面の舞台は、あたかもスタジオであるかのようだった。被害と遅れる復興、今も続く苦闘が息をもつかせぬ勢いで続いた。

被災に心を寄せる、被災者と一緒に歩む、責任追及の手は緩めない――そうした声が時

間の経過につれて大きくなるような企画だった。「働く」という分科会に出たのだが、働き続けるために作業所を立て直そうとしている―そんな報告が相次いだ。京都から出向いてよかった！

「トラベルはトラブル」と心得てはいるが、車いすユーザーにとって気になるのは、宿のバリアフリー度。「バリアフリールーム」と銘打つ部屋のシャワールームが高くなっているとか、部屋に手すりがなくて壁にはいつくばるとか、助けなしには一晩を過ごせない部屋ばかりだった。しかし、21日に泊まった部屋は本当のバリアフリーの部屋だった。ベッド、テレビ、電話、トイレ、お風呂……すべて1人で使うことができた。磐梯熱海の一力という旅館。

宿は主催者に申し込んだものだったが、あまりの快適さに部屋を離れたくなかった。左は洗面所とシャワールーム、右奥はトイレ。2つのスペースはそれぞれ木の引き戸で区切られている。引き戸は軽やかで、スイスイと動き回れ、深夜のトイレにも1人で行けた。〝仏つくって魂入れず〟のバリアフリーがほとんどの中で、これは特筆すべき部屋だった。友人たちとの語らい、福島県の原発被害、猪苗代湖、大会参加、そして宿……充実したきょうされん大会だった。

自由民権期の秩父事件

埼玉県

「全国障害者問題研究会第52回大会（2018・8・4〜5）」で記念講演に立った新井たかねさん（育代さんの母、障全協副会長＝当時、全国障害児の暮らしの場を考える会会長）の話は、重度障害者である育代さんとの40年余を振り返るもので、参加者の胸に響いた。激することのない口調で、重要な事柄を話した。改めて、新井さんを日本の障害者運動が得たことに感謝し、友人であることを誇らしく思った。

秩父人民戦争とよぶべき闘い

秩父事件の現場への旅のコーディネイトを、昨年から彼女に頼んでいた。新井は、案内者を手配してくれ、車いすがそのまま乗れるワゴン車の運転者を準備してくれた。みぬま福祉会理事長の高橋孝雄さんが運転するワゴンに、案内者である画家・根岸君夫さん（故人。日本美術会代表、大作『根岸君夫秩父事件連作画集』の作者）、みぬま福祉会関係者が4人、画家、『しんぶん赤旗』の記者（両親が秩父の出）、そして僕ら夫婦を含め8人の旅だ。川越市内の宿を出た車は街部を抜け、北の山岳部をめざした。長い年月の夢がかなう。

中澤市朗の本を読んで知った秩父事件は、僕の歴史観をつくる上で、決定的ともいえる出来事だった。自由民権期、画期をなす「事件」（闘争と呼びたいが……）ではあった。車が田舎に近づくにつれ、沿道に夏の花が咲いていた。百日紅《さるすべり》の紅いろの花が街路樹として使われている。これまで見たことがない光景だった。カンナの赤い花がフレアスカートのようだったし、マリーゴールドが遠慮がちだった。そのさま、あたかも、「秩父交響曲」。秩父事件参加者の、「世直し」の意気込みと合わせ考えるとき、「田園」を経て、「運命」に身を任せ、「英雄」的な戦いを進め、蜂起参加者が「合唱」する。

江戸（徳川将軍）と京都（天皇）の争いと描かれ、そのように語られることが多い「維新期」ではあるが、そしてそのような理解が一般的ではあるが、1870年代から80年代中ごろにかけての時期の民衆闘争こそが、日本の行方に大きな影響を及ぼした。その闘いの中に秩父事件と呼ばれる闘争もあった。

秩父事件は、84年（明治17）10月31日から11月にかけて、埼玉県秩父郡の農民が政府に対して負債の延納などを求めて起こした蜂起を指す。彼らは4つの要求を掲げた（①

高利貸のため身代を傾ける者多し。よって債主に迫り10カ年据置40カ年賦に延期を乞うこと、②学校費を省く為3カ年間休校を県庁に迫ること、③雑収税の減少を内務省に迫ること、④村費の減少を村吏に迫ること）。蜂起は群馬・長野にも波及し、数千人をこえる一大闘争になった。それは、自由民権運動の下で起こり、近代日本をつくった人民闘争だった。

作家の井出孫六は、〈秩父事件を「秩父暴動」あるいは「秩父騒動」などと呼びならわして、あたかも博徒、不平農民、猟夫などが引き起こした騒擾と歪曲して伝えたけれども、私にはこれは明治維新以後、人民の手によって行われた唯一の「戦争」であったとしか思われないのだ。現に、権力側も鎮圧のために出動した憲兵隊、鎮台、警官隊の犠牲者を「殉職」とは呼ばず「戦死」と呼んでいる〉と著書『秩父困民党』の中でいっている。

また、参謀長である菊池貫平は本営（革命軍）を秩父郡役所に置くことを主張し、そうなった。中央政府の出先機関を占拠し、地方権力を打ち立てる象徴として役所に本営は置かれた。単なる農民一揆ではなく「秩父人民戦争」ではあった。それは、「暴徒史観」と正反対の、民衆蜂起だった。

「戦後の西洋史研究のひとつの基礎をきずいた」と評されることの多い歴史家・井上幸

治（1910年～89）は、秩父大宮町出身ということもあって、名著『秩父事件 自由民権期の農民蜂起』などの著作をものにしたが、彼は、秩父事件を「自由民権運動の最後にして最高の形態」と評している。この書は、事件の概要を理解するのに欠くことのできない基本の書。当然のことながら、著作では「暴動論」を退け、蜂起を「義挙」と位置づけている。農民主体の民衆が政府に対して起こした武装蜂起事件、自由民権運動の代表例といえよう。

秩父では、自由民権思想に触れていた自由党員が中心となり、増税や借金苦に喘ぐ民衆とともに「困民党（秩父困民党。秩父借金党・負債党ともいう）」を組織し、8月には2度の山林集会を開催していた。そこでの決議をもとに、請願活動や高利貸との交渉を行うも不調に終わり、租税の軽減・義務教育の延期・借金の据え置き等を政府に訴えるための蜂起が提案された。蜂起は、高利貸や役所の帳簿を滅失し、租税の軽減等につき政府に請願することであった。

事件後、約1万4千人が処罰され、首謀者とされた田代栄助など7人には死刑判決が下された。明治国家が絶対主義国家として確立せんとする時期、秩父で武装蜂起し、一時期、「無政の郷」を生み出した民衆のエネルギーは、どのようにして生まれたのか。事件の中心地に生まれ育ち、この事件を歴史家としての原点と考える井上は、困民党の反権力意識、行動形態、組織など、事件において農民たちの主体的基盤をなしたものを解明する。ここには、商品経済（生糸生産）の波にのみこまれた農民の変革精神が脈々と流れている。秩父には、〝秩父暴動〟という大変に恐ろしい出来事があったと語る人がいたと同行者はいう。

圧政を変え自由の世界を

富国強兵の名で強行された増税は、とりわけ農業部門に深刻な不況をもたらした。農作物価格が下落し、元来裕福ではない農村は、さらなる困窮に陥った。ヨーロッパ大不況の中で発生したリオン生糸取引所（フランス）の生糸価格の大暴落の影響により、1882年から翌年にかけて生糸の国内価格は大暴落した。秩父は養蚕が盛んであったが、当時の同地方の産業は生糸の生産に偏っており、他の養蚕地域と比べるとフランス市場との結びつきが強く、大暴落の影響をより強く受けた。養蚕農家は生糸の売上げをあてにして金を借り、米麦その他の生活物資を購入していたため、生糸市場の暴落と増税が重なるとたちまち困窮の度を深め、高利貸などへの依存が生活をさらに悲惨なものにした。

明治政府は憲法制定や国会開設を準備する一方で、自由民権運動に対する弾圧政策を強めていた。民権派の一部には、〝「真に善美なる国会」を開設するために、圧制政府を実力で転覆することもやむなし〟という考えも出始めていた。82年の福島事件、83年の高田事件、84年の群馬事件、同年9月の加波山事件などがそれだ。

秩父では、自由民権思想に接していた自由党員らが中心となり、増税や借金に苦しむ農民とともに「困民党」を組織し、84年8月には山林で2度の集会を開催している。そこでの決議をもとに、請願活動や高利貸との交渉を行うが、それは実らず、租税の軽減や義務教育の延期、借金の据え置きなどを政府に訴えるための蜂起が決められた（10月12日、井上伝蔵宅。伝蔵は後述）。その後、大宮郷で名主を務める家の田代栄助を総理（代表）とした。自由党解党後の11月1日（予定では11月1日に武装蜂起のはずだったが、実際には10月31日の永保社＊襲撃から始まった）、下吉田の椋《むく》神社で決起集会が行われ、役割や軍律が発表され、蜂起が始まった。

＊金崎村の高利貸。

1日には秩父郡内を制圧し、高利貸や役所の書類を破棄した。神社に集まった3千もの人は村々を転々とし、高利貸の所に押しかける。悪質な高利貸の家を壊して借用書を破ったりして、農民の借金を帳消しにしていく。庄屋の家で、「金を出せ」「革命を起こす。武器を買うのに必要なので、金を出せ」ということで、資金を集めていく。

そして秩父の中心であった大宮郷へ攻め込む。彼らの蜂起とその規模を知った政府は、警察隊や憲兵隊を送り込むが苦戦、最終的には東京鎮台の鎮台兵を送った。11月4日に秩父困民党指導部は事実上崩壊、一部は長野県北相木村出身の菊池貫平（参謀長）を擁し、信州方面に進出、その一隊も9日には佐久郡東馬流で高崎鎮台兵と警察部隊の攻撃を受けた。その後、参加者は各地で次々と捕縛され、警察官5人も殉職したと伝わる。

事件後、約1万4千名が処罰され、首謀者とされた田代栄助・加藤織平・新井周三郎・高岸善吉・坂本宗作・菊池貫平・井上伝蔵の7名には死刑判決が下された（ただし、井上・菊池は欠席裁判での判決。後述するように井上は北海道に逃走し、1918年にそこで死去した。菊池はのち甲府で逮捕されたが、終身刑に減刑され、1905年に出獄し、14年死去）。

秩父事件のスローガンの1つは「圧制ヲ変ジテ自由ノ世界ヲ」だ。明治初期、秩父の農民は、政府を批判、「圧制を変えて自由の世界を作る」と立ち上がった。郡役所を占拠して革命本部を置き、群馬、長野、神奈川などに協力要請をする。その時に使った言葉で有名なのが、「おそれながら天朝様にたてつくぞ」だ。天皇制国家そのものにたてつくということを主張しながら戦った。前代未聞、空前絶後といってもいい闘争だった。

総理の田代栄助たちは、秩父郡を占拠した後、東京に出る、帝都に侵入するぞと、真っ向から戦争することまで決めていたという。

農民など民衆が軍隊を作って明治政府と戦争をするという驚くべき事件だが、その背景の1つには維新期の混乱があったこと、明治国家が近代国家体制を確立するための政策をとったことがあげられよう。1867年の大政奉還、68年の明治維新、71年の廃藩置県、72年の学制発布、73年の徴兵令と地租改正条例、82年の軍人勅諭、そして89年に大日本帝国憲法公布と続く一連の時期、農民は苦境に陥っていく。各地でさまざまな抵抗事件が起きる。地租改正と不況で生活は追い詰められた。

外国との関係をいえば、この時期、明治政府は条約改正を成し遂げるために、「文明国家」の道を歩まなければならなかった。そのためにも国内を固めなければならなかった。「文明開化」「殖産興業」が至上命題だった。蝦夷地や琉球王国を「日本」に組み入れる。さらには朝鮮半島にも出て行く（1875年の江華島事件）。北海道、沖縄、台湾、朝鮮、これを「日本」に吸収する。「強い国」を作ろうと明治政府は必死だった。明治国家は国家の内部で収奪して、外部に膨張して進出していく。これに対して民衆は抵抗運動で抗う。

下吉田の椋神社

困民党軍のほとんどは貧しい農民たちだが、中心部にいた人たちは、「農民」というよりは地主、庄屋層だ。総理の田代栄助、会計長の井上伝蔵という人たちは地元の有力者だった。役所と交渉しても駄目だったので、やむを得ず武力闘争に立ち上がる。椋神社の決起集会で発表された『五ヶ条の軍律』はいう。

第1条　私ニ金円ヲ掠奪スル者ハ斬。
第2条　女色ヲ犯ス者ハ斬。
第3条　酒宴ヲ為シタシタル者ハ斬。
第4条　私ノ遺恨ヲ以テ放火其他乱暴ヲ為シタル者ハ斬。
第5条　指揮官ノ命令ニ違背シ私ニ事ヲ為シタル者ハ斬。

驚嘆、これを読むと、困民党が「無頼の徒」ではないことが分かる。そして、僕はこれに注目している。

困民党会計長の井上は、自宅からすぐのところに2年も匿われた。伝蔵の旧宅に立つと、匿われた土蔵が500メートル先に見えた。戦闘に敗れた伝蔵は、武甲山の山中をさまよい、いったんは下吉田村の自宅に帰る。翌早朝、近所の斉藤新左衛門のところへ行く。新左衛門は伝蔵を、2年もの間、土蔵に匿う。死刑囚を匿った人とその家族の思いや如何に。しかし、探索は続く。欠席裁判で死刑判決を受けた伝蔵は、いつまでも土蔵に隠れてはいられないので、宇都宮を経て仙台へ向かい、北海道に逃れる。

伝蔵は、苫小牧、札幌を経て石狩にたどりつき、彼の地で伊藤房次郎と名乗り農業を始め、92年に高浜ミキと再婚し、3男3女をもうける。1905年に代書業取締規則ができて、許可制になる。届出をしなくてはならなくなる。届出には戸籍が必要だ。しかし伊藤房次郎には戸籍がない。本名を名乗ることはできないので、代書業をやめて文房具や教科書を販売、その後、札幌に移って下宿屋を経営。翌年、野付牛《のっけうし》（現・北見市）に移住した。1918年、札幌の病院に入院、もう長くないと医者から告げられる。

房次郎（伝蔵）はミキに、長男を呼べといい、自分の人生を語る。実は伊藤房次郎というのは嘘で、自分は秩父事件の困民党会計長、死刑判決を受けている井上伝蔵である、と。ミキは秩父に連絡を取り、井上家から伝蔵の弟がやってくる。井上家は、伝蔵が死刑判決を受けているので、弟の大作が家を継いでいた。急いで北海道に出向くものの、生前には会えない。一家で撮っている最後の写真が残っている。横たわる房次郎のまわりに家族が揃っている。撮影から10時間後、1918年6月23日、早朝に伝蔵は亡くなった。34年間、伝蔵は房次郎として生きた。没後100年、僕は伝蔵のお墓に手を合わせ、その波乱の人生に思いを馳せた。どうでもいいことだが、姓が同じということから、親しみを感じてきた。

下吉田の椋神社は、毎年10月に行われる龍勢《りゅうせい》祭で名高く、秩父事件の集結地として知られる。ここに猟銃や刀を手に集まった3千余の秩父衆のどよめきが地鳴りのように響いた。吉田地域の県道37号皆野両神荒川線沿いの、道の駅・龍勢会館から800メートルほどの場所にそれはあった。僕は長い間、この神社を訪ねたいと思ってきた。思い描いたように、それは、農村の、けばけばしくない神社だった。木の建物で、僕には好ましかった。聞こえるのはセミの鳴き声、じりじりと暑い夏の昼下がり、セミの鳴き声が、140年ほど前の1884年秋の民衆の歓声のようだった。

椋神社の例大祭（龍勢祭）の主役ともいうべき龍勢は、松材を真二つに割って中をくり抜き、これに竹のタガをかけて火薬筒とし、黒色火薬を詰めて、背負《しょ》い物と共に矢柄（長い竹竿）に組み付けた龍勢を打ち上げたもの、いわば打ち上げロケットといえようか。背負い物には落下傘、のろせ、煙火、吊るし傘などがある。矢柄は長さ約18メートル、方向舵の役割をする。地域ごとに違う龍勢は地域の誇りだった。

恐らく、秩父困民党の蜂起の年も、龍勢は打ち上げることになっていただろう。しかしながら、この年、龍勢は打ち上げられなかった。椋神社の例大祭の主役ともいうべき龍勢が、民衆を襲った困難（貧困）で、打ち上げることができなかった。よほどの「貧困」

が秩父にはあった。秩父困民党の衆は龍勢を祝うことなく、当日を迎えた。

秩父事件関係資料

石間交流学習館（旧吉田町立石間小学校）の2階には「秩父事件関係資料」が展示されており、根岸君夫画伯の「秩父事件連作画」20点を観た。それらは、自由民権期の農民蜂起を描く。事件発生当時もその後も、参加者が暴徒呼ばわりされ、屈辱的な汚名を着せられてきた。『根岸君夫秩父事件連作画集』に収められた油彩20点とその習作は、事件の本質を発掘し、犠牲者の業績を顕彰するためのものだった。僕らは、その画伯から直接に解説を受けるという僥倖に恵まれた。

廃校になっている旧石間小学校の校舎を使用し、秩父事件資料館として利用されていて、体験学習を通して山国の生活に触れることができる。秩父事件関係資料としては、根岸画伯の絵のほかに、襲撃され傷ついた高利貸の家の柱、さらには困民党幹部たちの蔵書や書き物などが展示されていた。秩父事件の解説ビデオや養蚕・生糸・絹織物などの解説展示も充実している。

秩父事件に関しては、著作・論考（戦前のものでいえば堺利彦、平野義太郎、戦後の井上幸治、中澤市朗、色川大吉、井出孫六、秩父事件研究顕彰協議会ら）、映画（『草の乱』

神山征二郎）、小説、版画、絵画（根岸君夫）らの作品が残されている。ちなみにいえば、『秩父事件史料集成』の編纂に参加した歴史学者・色川大吉は、当時の明治政府側の公文書の分析によって、明治政府が西南戦争に準じた「反乱」として認識していた事実を指摘している（なお、取調調書には参加者の最終的な目標が「天朝様（天皇）を倒す」ことであるとする自白があったとする記述がある）。

蜂起中に秩父困民党のメンバーは、「自由自治元年」という私年号を用いたという（なんと素晴らしい響きであることか）。この、驚嘆すべき、時代を超えた発想に僕は驚く。また、ある人は「秩父事件は貧しいから起きたのではなく、段々豊かになるときにつぶされたところに秩父農民の怒りがある」と指摘している。

秩父蜂起で民衆が示したのは「国家・官僚の論理」ではなく、「農民・庶民の論理」の正当性ではなかったか。落合寅市（副隊長）・1936年87歳で没、菊池寛平（参謀長）・1914年68歳で没、井上伝蔵（会計長）・1918年65歳で没。この3人など、事件後に身を隠すことに成功した人は、自分たちの行動が国家への犯罪となるならば、それは単なる「暴徒」ではなく、「国事・内乱に対する罪」となることを願っていたと伝わる。

高知市街の山を越えるところに小坂峠がある。1886（明治18）年、秩父の落合寅市はこの峠道を歩いて越えた。峠を越えると、道は下り道になり、両側に山が迫り人家はなくなる。寅市の足跡をたどることで、自由民権の地・秩父と土佐の意外な結びつきが明らかになる。

俳人・金子兜太は秩父の人、秩父事件に関する論考もある。その兜太の句。

山峡に沢蟹の華微かなり

《郷里の山国秩父に、明治十七年（一八八四）初冬、「秩父事件」と呼ばれる山村農民の蜂起があり、鎮台兵一コ中隊、憲兵三コ小隊が投入されるほどの大事件だった。その中心は西谷と呼ばれる山国西側の山間部。そこの椋神社に集まった約三千の「借金農民」にはじまる。私には郷里の大事件として十分な関心があり、文章も書き、ときどき訪れることもあったのだが、その山峡はじつに静かだった。その沢で出会う紅い沢蟹も。しかしその静けさが、かえってそのときの人々の興奮と熱気を、私に伝えて止まなかったのである（自選自解99句より）》。

無言館と俳句弾圧不忘の碑

長野県上田市

長野市内で、「守ろう平和・いのち・人権　学び合おう発達保障」をテーマとした全国障害者問題研究会第53回全国大会（2019・8・3～4）が開かれた。終了後、上田市の「無言館」と「俳句弾圧不忘の碑」（同市内の美術館でやっていた「没後100年　村山槐多展」も観た）を訪ねた。夏の忘れがたい一日となった。

戦没画学生の作品との無言の対話

信州・上田平に戦没画学生の絵を展示した無言館はあった。どこまでも広がる田園風景と山なみが続く。それを一望できる小高い丘の上に無言館と2008年にオープンした無言館第二展示館「傷ついた画布のドーム」がある。館主は窪島誠一郎さん。村山槐多、野田英夫、吉岡憲らに注目した画商であり、文筆家でもあった。その窪島に無言館の話を持ちかけたのは野見山暁治《ぎょうじ》（画家）だった。野見山は東京芸術大学の学生時に、学徒動員で戦地に動員された。戦後、仲間たちが戦死していった悲しみをずっと抱えてきた画家でもあった。2人がつくり上げた無言館は、それ自体が芸術作品であり、それもあって、今も人々を引きつけている。

教会堂であるかのような空間、そこが展示室だった。そこは、静寂が支配する空間、僕は作品を無言で観ながら、無言で作品と対話した。作品も鑑賞者たる僕も「無言」だが、「無音」ではない。頭の中は、うるさいぐらいの「対話」が鳴り響いていた。ある時は、交響曲「田園」が鳴り響き、ある時は、「運命」が鳴っている。妻である若い女性の裸体絵は、作者が戦地に動員される前日まで描かれた。そこには、「戦争」はないが、美しきものに没入することによって、鬱屈を忘れ去ろうという作家の意欲があった。

僕は瞑想する。頭の中で戦時中に戻る。画学生たちの蛍は、土へと返っていった。もう命の鼓動は聞こえない。目を開けてみる。彼らが描いた絵がある。「国家」に翻弄された画学生の作品は、「国家」とは何かを僕に問いかける。

もっともっと描きたかったろうに……。作品は稚拙かもしれない。未熟かもしれない。そうであればあるほど、その無念や悔しさが、作品からにじみ出ているようだった。あまりに悲しい。嗚咽を抑えて鑑賞した。彼らに、「戦争」とは無縁の時代に生きて、作品に向き合って欲しかった。22歳の作家は、妹も、妻もなかったのかもしれない。だから、大好きな祖母を描いたのだろうか。大切な孫を戦争にとられてしまう悲しみを、「お国のために」というヒロイズムに隠して、送り出したのだろうか。作者が「兵隊に行ってしまったらばあちゃんのことも描けなくなってしまうから今のうちに描いておく」というと、祖母は涙を流し黙ってモデルになったと解説はいう。孫の絵のモデルとなった祖母が絵から出てきそうだ。

出征を前にした兄に頼まれてモデルになった妹たちの心の中はいかばかりか……。妻の絵を描いたものも数多くあり、戦地に出向く前の夫のキャンバスの前で、若き妻はどう思っていたか。2度と帰ってこなかった夫との間にできた子ども育てあげた妻もいただろう。自分のポートレートを残した夫の一筆一筆は、彼女がつらさに立ち向かう勇気をくれただろう。これらの作品は、長年、遺族の手で保存され、無言館の開館に合わせて寄付をされたものという。無言館の外には、画家たちの名前を刻んだ大きなパレットがあった。

表現の自由の否定は戦争のはじまり

〈建立の計画を進めてきたフランス人で俳人、比較文学者のマブソン青眼《せいがん》（本名、ローラン・マブソン）さん（49）＝長野市在住＝は、俳句の師匠だった金子さんの言葉を挙げて、「忘れるな。戦争がどれだけ人間を人間でなくしてしまうか」と語る。そして「戦争の始まりには必ず表現の自由の否定がある。表現の自由を否定して戦争に至らなかったという例がないぐらいに歴史では必ずそこから始まる〉と新聞は報じた。

俳句弾圧事件は、1940～43年、俳句雑誌「京大俳句」のメンバーらが検挙された京大俳句事件をはじめ、戦争や軍国主義を批判、風刺した作品を作ったとして、治安維持法違反容疑で次々に俳人が検挙された言論弾圧事件の総称。「不忘の碑」の説明文には、少なくとも44人が検挙され、うち13人が懲役刑を受けたなどと刻まれている。碑文の最後には、「彼らの犠牲と苦難を忘れないことを誓い、再び暗黒政治を許さず、平和、人権擁護、思想・言論・表現の自由を願って之《これ》を建立します。呼びかけ人　金子兜太、窪島誠一郎、マブソン青眼　他六十六名　協賛者五百五十一名」と書かれていた。

碑の横の東屋《あずまや》に、弾圧された俳人の作品17句が刻まれていた。

戦争が廊下の奥に立つてゐた（渡辺白泉）
我講義軍靴の音にたゝかれたり（井上白文地）
大戦起るこの日のために獄をたまわる（橋本夢道）

季語にも、五七五の定型にもこだわらない、自由律俳句を追求し、戦争への批判精神いっぱいの句があった。俳人が治安維持法違反のかどで逮捕され、過酷な拷問を受けた。その少なからぬ部分が、『京大俳句』などに集う俳人だった。無言館の画学生と、弾圧された若い俳人が、一本の線で繋がる。意義深い、素晴らしい時間を過ごせた旅だった。

没後100年　村山槐多展

「無言館」「俳句弾圧不忘の碑」を観た後、上田市立美術館でやっている『没後100年　村山槐多展』を観てきた。旅の途中であり十分な時間がとれなかったが、「観てよかった」。22歳の若さで亡くなった〝夭折の天才詩人画家〟と紹介されることの多い村山槐多《むらやまかいた》（1896〜1919）を知ったのは窪島の京都での話からだった。槐多が京都の寺町今出川に住み、京都府立一中の学生だったことにも興味を持った。

横山大観、芥川龍之介などの作家からも注目されたという槐多の知られざる作品が、140点以上発見された。その大半は、10代の少年時代の作品であり、それらは風景を純粋に誠実に描く姿勢が貫かれていたという。11点の油彩画は、14歳で描いた《雲湧く山》や鮮やかなガランス（深い茜色）で描かれた《カンナ》、風景画のひとつの到達点を示す《房州風景》など、アーティストとして成長する槐多の足跡を辿ることができた。

京都の神社仏閣や近郊の山、水辺を写実的に描いたパステル画も数多く展示、中でも、龍安寺の石庭を描写したスケッチは見応えがあった。繊細さと天真爛漫を感じさせる初公開の作品群は、槐多が画家として走りぬける前の助走ともいうべき作品だった。槐多の才能に注目し、14歳の彼に油絵具一式を与えたのは、従兄の洋画家・山本鼎《かなえ》（1882～1946）だ。その頃、描いた「雲湧く山」（初公開）は、大胆な構図といい、魅力的な絵肌といい、油彩に取り組み始めた少年の絵とは思えない。大半は少年期に描かれたもので、槐多の母校である京都府立第一中学校（現府立洛北高校）時代の同級生や教師の家で所蔵されてきたという。

著者　井上 吉郎

〒 603-8324 京都市北区北野紅梅町 85
弥生マンション 201
TEL　075（465）5451
Mail　info@fukushi-hiroba.com

二万五千字の旅路　日本と世界をうろちょろ

2021 年 11 月 3 日　初版第 1 刷発行

著　者　井上吉郎

発行者　竹村正治

発行所　株式会社ウインかもがわ
〒 602-8119
京都市上京区出水通堀川西入亀屋町 321
TEL 075（432）3455
FAX 075（432）2869

発売元　株式会社かもがわ出版
〒 602-8119
京都市上京区出水通堀川西入亀屋町 321
TEL 075（432）2868
FAX 075（432）2869
振替 010010−5−12436

印刷所　新日本プロセス株式会社

ISBN978-4-909880-27-7　C0095